Pétales de féminité

TEXTES Hélène Cociovitch
ILLUSTRATIONS Aissatel Amet

Edition : BoD - Books on Demand
12/14 rond-point des Champs Elysées, 75008 Paris
Imprimé par Books on Demand GmbH, Norderstedt, Allemagne
ISBN : 9782954596303
Dépôt légal : Septembre 2013

« La présence est une puissante déesse. »
Johann Wolfgang von Goethe

« La vie c'est de l'eau.
Si vous mollissez le creux de la main, vous la gardez.
Si vous serrez les poings, vous la perdez. »
Jean Giono, extrait de *Rondeur des jours*

Avant-propos

Une amie me dit un jour :
«On m'a dit que je peux être "femme" maintenant!
Mais on ne m'a jamais appris à "être femme"!»

Une réflexion a commencé à émerger... comment nous aider a explorer cette féminité? Comment la contacter?

La première étape fut de lister des qualités qui me paraissaient féminines.
La liste n'est pas exhaustive et cela ne veut pas dire que les hommes ne les possèdent pas, c'est que dans leur essence même elles me semblent de cette nature.

La seconde étape fut de tenter de les décrire en laissant de l'espace pour l'imaginaire de la lectrice ou du lecteur.

Une invitation à méditer chacune d'elles et la laisser s'épanouir dans notre corps, l'humer, la goûter, l'écouter, la ressentir… Laisser naître un frémissement…

En tant que femme nous ne sommes pas uniquement l'expression de ces qualités, par contre elles vivent majoritairement en nous. Notre environnement familial, social, culturel, les a parfois jugées et malmenées et elles n'osent plus s'exprimer et rayonner. Se connecter à leur essence peut nous permettre d'accéder à toutes les facettes de notre être et mieux accepter notre richesse intérieure.

En notant quelques citations, j'ai voulu offrir comme un jeu de miroir aux mots pour qu'ils jouent avec nos sens et notre raison. Comme deux verres qui s'entrechoquent en donnant naissance à un son cristallin qui nous émerveille et nous transporte hors du temps.

Ce livre s'adresse également aux hommes, qui à certains moments, teintent leur vie de cette couleur…

L'équilibre ne serait-il pas dans le jeu des alternances ?
Dans la souplesse du passage d'une énergie à une autre ?
Naviguer sur cette ligne subtile et basculer subitement ?
Revenir et continuer le chemin vers tous les possibles ?

**Ces petits textes se veulent
une invitation à l'exploration, une question
sans réponse, une question aux milles réponses…**

Hélène Cociovitch

﹢

Comment ont été faites les illustrations ?

J'ai lu une fois, avec beaucoup d'attention, le travail d'Hélène.

Ensuite, je n'y suis jamais revenu. Je me suis vraiment basée sur mon ressenti et sur le souvenir que j'avais de ses mots. Pour moi, il est primordial d'être seule, dans un bel espace, avec une musique particulière et une belle lumière pour créer.

J'ai aussi deux petites addictions pour arriver à extraire ma créativité : les chewing-gums et une bouteille d'eau gazeuse.

C'est ainsi que je me suis lancée dans l'illustration de *Pétales de féminité*. J'ai puisé en moi les sensations, les sentiments et les humeurs qui représentaient la féminité. Ensuite, avec l'auteur nous avons choisi les dessins qui illustraient le mieux les définitions. Je trouve très important de se laisser porter et d'intellectualiser seulement après coup le jet artistique.

Aïssatel Amet

VERS SOI

ABSORPTION

Attirer à soi, permettre la rentrée et favoriser l'imprégnation.
Laisser la coulée de lave glisser langoureusement.

ACCUEIL

Ouvrir ses bras pour que chaque être,
que chaque chose puisse se ressourcer avec la chaleur de
notre corps et qu'à travers eux nos vibrations s'accordent
à la symphonie universelle.
Ouvrir son cœur, pour donner et recevoir aux êtres
et aux choses le baume de l'amour.
Ouvrir ses jambes, pour que l'être aimé dépose sur notre
autel de la féminité, sa vigueur et sa sensualité
et nous offre des orgasmes aux milles nuances.

ACCUEIL BIS

S'ouvrir pour créer un espace parfumé de tous les possibles.
Avant l'ouverture : effacer les peurs,
les angoisses, les projections
Pendant l'accueil : être présente à l'instant, sentir humer,
vibrer, regarder, écouter, entendre, savourer
Après l'accueil : filtrer le vécu. Garder le breuvage le
plus pur pour le prochain rituel préparant le salon à une
nouvelle réception.
Comprendre l'expérience restée dans le filtre, lui trouver le
sens qui enrichi la vie.

Le véritable poète a pour vocation d'accueillir
en lui la splendeur du monde.
Johann Wolfgang Von Goethe

RÉCEPTIVITÉ

Ouvrir chaque pore et permettre
que l'inconnu vienne s'y lover.

DON DE SOI

S'offrir sans peurs et sans conditions.
Cadeau sans attente de retour.

Le don de soi est un achèvement.
Rainer Maria Rilke

GÉNÉROSITÉ

Proposer l'offrande. Partager la récolte.

Offrir de la beauté naturelle, c'est de la générosité.
Gao Xinjian, *La montagne de l'âme.*

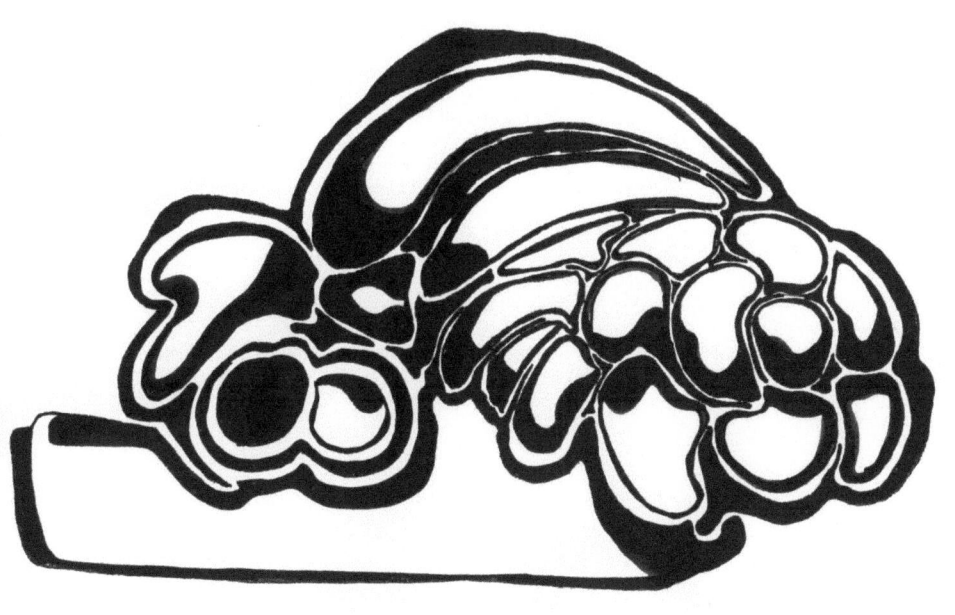

ABANDON

Laisser glisser le corps, le cœur, et l'esprit
sur leur pente naturelle avec une heureuse insouciance.
Déguster le non vouloir.

Quand on s'abandonne, on ne souffre pas.
Quand on s'abandonne même à la tristesse, on ne souffre plus.
Antoine de Saint-Exupéry

CONFIANCE

Ne rien attendre et s'ouvrir à tous les possibles.
Offrir son espérance au miracle de l'espéré.

Aie confiance en toi-même et tu sauras vivre.
Johann Wolfgang Von Goethe, extrait de *Faust*

L'oiseau construirait-il son nid
s'il n'avait son instinct de confiance au monde?
Gaston Bachelard

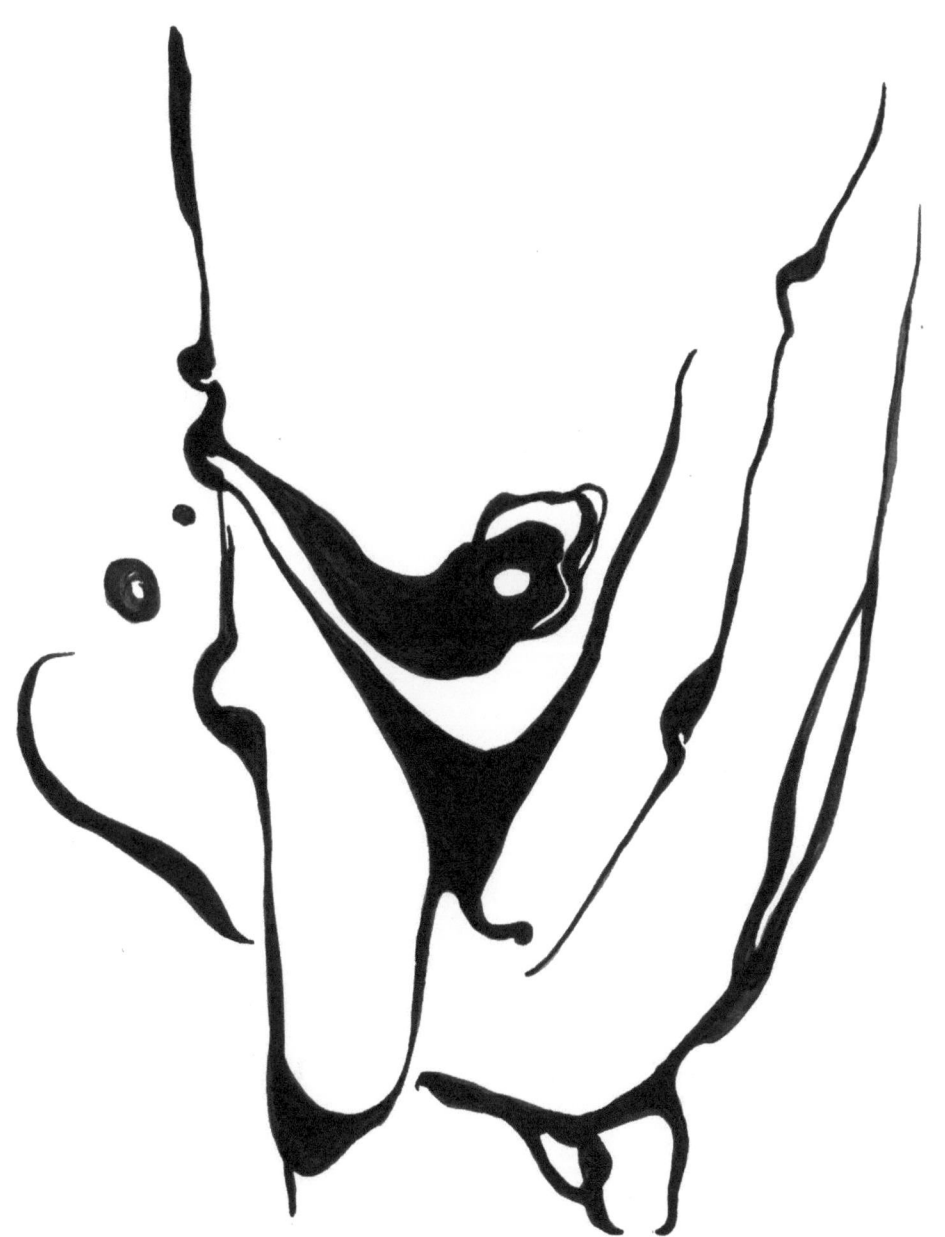

INITIATRICE / INITIATION

Marcher en laissant des traces
comme légers repères sur un chemin.
Tendre la main pour le passant en quête d'assurance.

COQUINE/COQUINERIE

Laisser courir les bulles – abritant des surprises,
les improvisations inattendues, les délicatesses pimentées –
dans la moelle épinière et s'abandonner
irrésistiblement à la joie des cinq sens.
Instants qui frétillent et continuent leur voyage en
apesanteur et propulsent ainsi la vie
dans l'émerveillement de chaque instant.

CRÉATIVITÉ

Explorer nos sens sans limites, sans jugements… oser aller
au-delà du connu pour s'émerveiller du reflet matérialisé
de notre beauté intérieure.

*La créativité est faite d'attention
et de respect pour les petits faits de la vie.*
Francesco Alberoni, extrait de *Vie publique et vie privée*

FERTILITÉ

Être terreau de chaleur et d'amour pour que chaque petite
graine laisse grandir et fleurir le meilleur d'elle-même.

NOURRICIÈRE

Offrir le lait de notre regard aux âmes assoiffées.
Proposer les mets les plus essentiels.

FRAÎCHEUR

10 000 perles de rosée pour une naissance éternelle.

Chaque expérience de beauté,
si brève dans le temps tout en transcendant le temps,
nous restitue chaque fois la fraîcheur du matin du monde.
François Cheng

À PARTIR DE SOI

AUTHENTICITÉ

Extraire la liqueur de notre fidélité
à nous-même et siroter le nectar.

Reste toi-même, car c'est dans l'authenticité
que l'on puise ses forces.
Daniel Herrero

SINCÉRITÉ

Transparence de l'âme. Pureté de notre cristal.

La sincérité mène à l'exactitude.
Gao Xinjian, extrait de *La montagne de l'âme*

La sincérité est la perle qui se forme dans la coquille du cœur.
Proverbe soufi

VÉRACITÉ

L'autorité de la clarté de nos différences
ne peut être contestée.

L'apparence requiert art et finesse ;
la vérité, calme et simplicité.
Emmanuel Kant

BEAUTÉ

Le mouvement, la respiration et la concentration
sont en harmonie…
Silence de l'équilibre qui charme nos sens. Être totalement.

La beauté se raconte encore moins que le bonheur.
Simone de Beauvoir

GRÂCE

Être en même temps dans notre réalité profonde
et dans celle de l'instant.
Création d'une harmonie légère aux contours fluides.

L'amour a ceci de commun avec la grâce que tout
– et jusqu'à la manière de pousser une porte
ou de nouer un lacet – est modifié.
Rien de ce qui était avant ne demeure.
Christiane Singer

SENSUALITÉ

Plonger dans les vibrations de nos sens.
Par l'alchimie de la présence intense,
transformer la sensorialité en jouissance.

Il y a dans la sensualité une sorte d'allégresse cosmique.
Jean Giono, extrait de *Jean le bleu*

COMPASSION

Laisser rayonner la tendresse et propager ses ondes sur l'écho que nous provoque la souffrance d'autrui.

Ayant médité la douceur et la compassion,
j'ai oublié la différence entre moi et les autres.
Milarepa

DOUCEUR

Caresser les pensées, les êtres, les choses, d'un duvet chaud
et léger composé de milles plumes se frôlant les unes
aux autres, créant des courants d'airs tièdes qui transportent
en transparence les brins d'amour.
Avec sa musique elle désagrège dans un bercement magique
les résistances pétrifiées et ouvre les volets sur la lumière
feutrée des matins du bonheur.

La rigidité et la dureté sont les compagnons de la mort.
La douceur et la délicatesse sont les compagnons de la vie.
Lao Tseu

TENDRESSE

Effleurer chaque pétale de la rose sans presser son cœur.

ENVELOPPEMENT

Être autour sans entourer.
Présence intense qui calme, rassure, protège, en accord avec
des limites impalpables.

Dans le véritable amour, c'est l'âme qui enveloppe le corps.
Friedrich Nietzsche

Les nuages nagent comme des enveloppes géantes,
Comme des lettres, que s'enverraient les saisons.
Ismaïl Kadaré, extrait de *Poème d'automne*

RONDEUR

Tracer sans lever la plume et en courbant
les angles, le sillon de notre sourire.

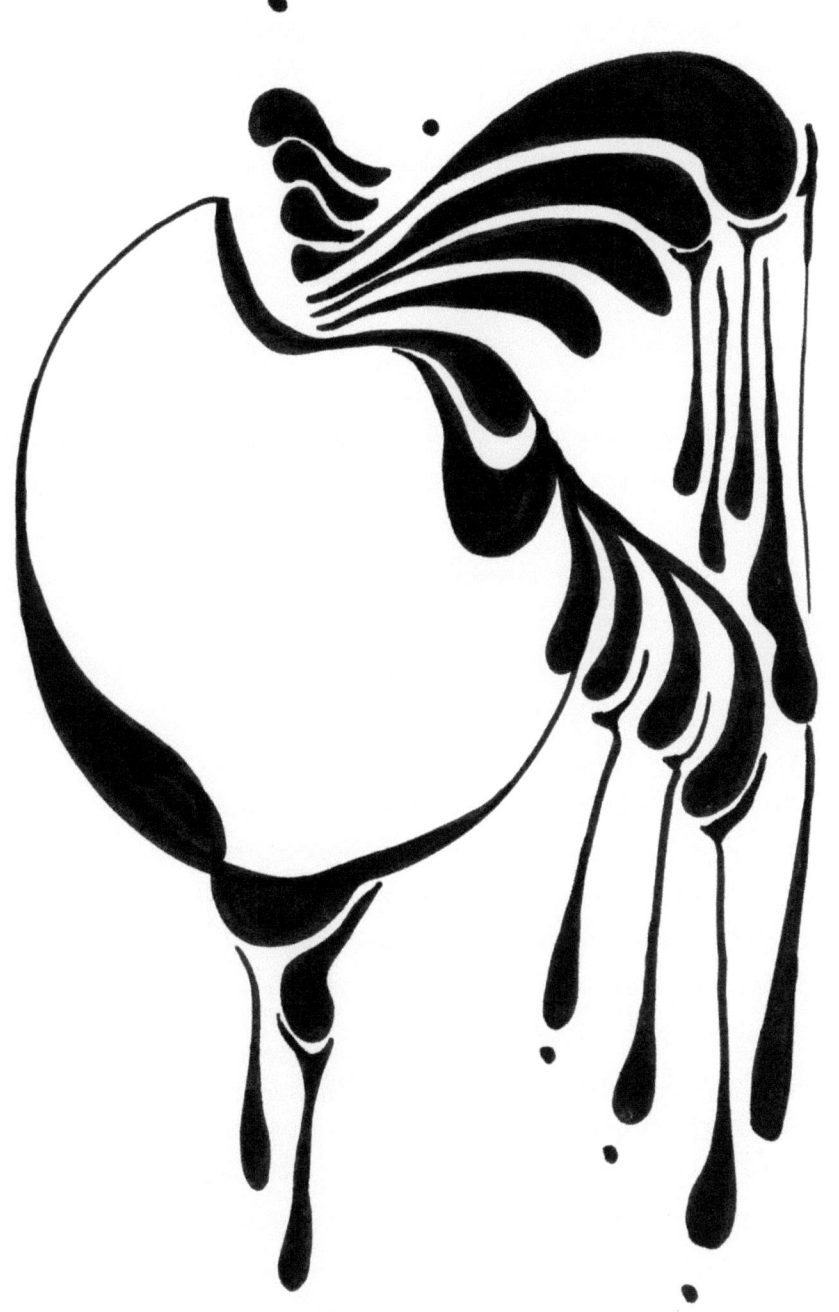

SOUPLESSE

Jouer avec les limites du corps, de l'espace,
du mental, du temps.
Épouser les formes.

Celui qui veut pénétrer au cœur du problème qui l'occupe
doit faire preuve de souplesse, s'adapter,
entrer par la petite porte, se laisser façonner par la situation.
Sagesse Yi-King

DANS SOI

RECUEILLEMENT

Allonger l'expiration et honorer le temps avant la nouvelle inspiration. Rester sur cet intervalle.

J'ai besoin de me recueillir pour aimer.
Jean-Jacques Rousseau, extrait
des *Rêveries du promeneur solitaire.*

SILENCE

Écouter les papillons de sons voler tout autour de nous.
Laisser notre oreille se poser entre leurs ailes.

La véritable musique est le silence
et toutes les notes ne font qu'encadrer ce silence.
Miles Davis

Du silence naît tout ce qui vit et dure ;
car c'est le silence qui nous relie à l'univers, à l'infini,
il est la racine de l'existence et par là l'équilibre de la vie.
Yehudi Menuhin

CALME

La houle n'a plus de rochers où claquer,
elle se dissout dans l'océan.

Si tu dois vivre parmi le tumulte, ne lui livre jamais ton corps.
Garde ton âme calme et retirée.
C'est un sanctuaire où tu trouveras,
quand tu le voudras le bonheur.
Alexandra David-Neel

PAISIBLE

Reflet du calme de notre lac intérieur.

Toute conquête engendre la haine,
car le vaincu demeure dans la misère.
Celui qui se tient paisible,
ayant abandonné toute idée de victoire
ou de défaite, se maintient heureux.
Bouddha

SÉRÉNITÉ

Contempler avec un sourire rayonnant
et sans bruit la caravane qui passe.

La sérénité, c'est l'absence de doute.
Jean-Michel Wyl, extrait de *L'exil*

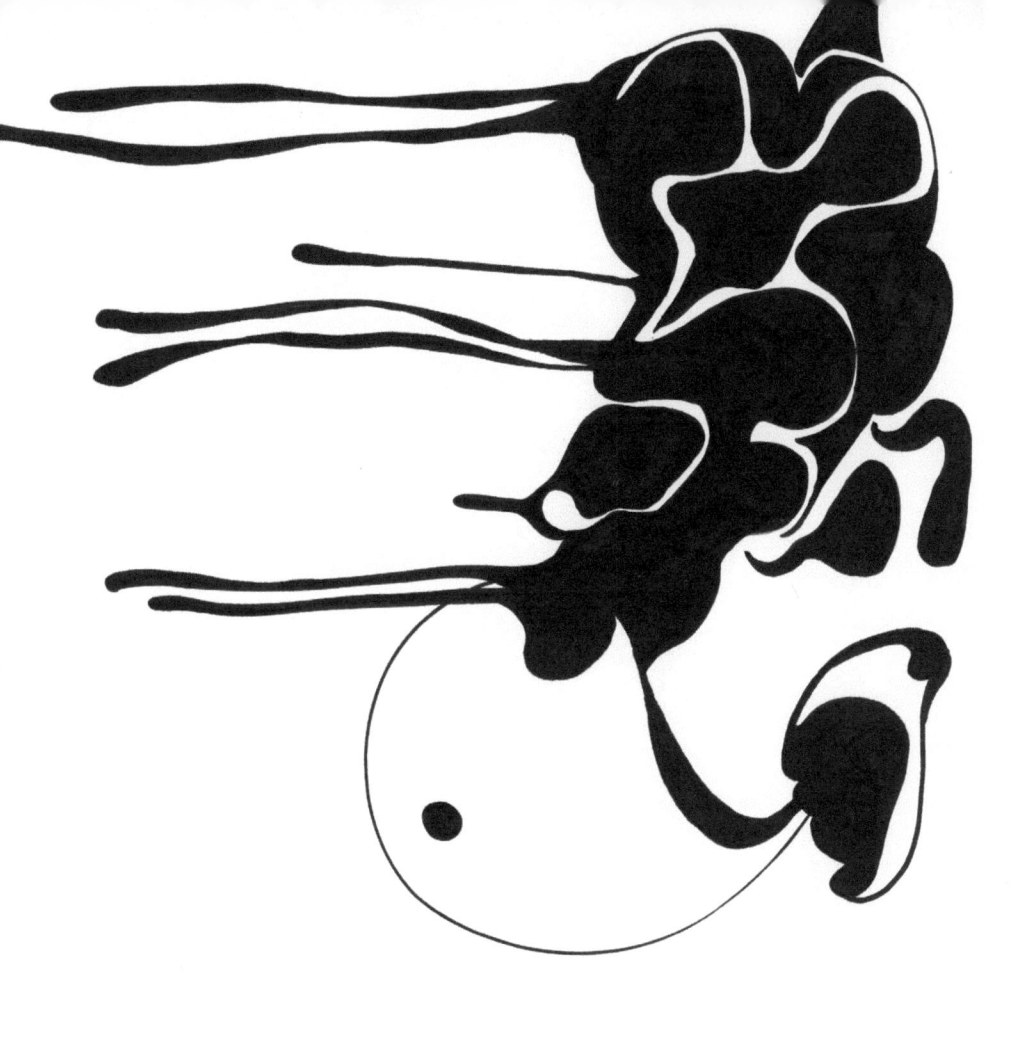

CENTRIPÈTE

Attirer par une force qui rapproche vers notre essence,
en concentrer la matière.

NON AGIR

Faciliter l'imprégnation en laissant du temps au temps.
Agir sans action.
Humilité d'être dans la non puissance, sans contrôle…
force de la vulnérabilité !

Il n'est rien qui ne s'arrange par la pratique du non-agir.
Lao Tseu, extrait du *Tao Te King*

IMMOBILITÉ

Se suspendre dans l'équilibre.
Non-sens du mouvement.
Bouger à l'intérieur.

Immobilité.
Ce n'est pas être comme la pierre ou l'arbre;
c'est l'état où l'esprit ne s'attache nulle part…
Paul Ohl

STATIQUE

S'enraciner fortement dans la terre
et sentir nos branches bercées par la brise.

STABILITÉ

Suivre les « sans-variations ». Capter le centre et laisser fleurir la périphérie.

ACHÈVEMENT

Vivre dans une dense totalité la fin de l'action.
Déguster l'énergie du labeur au repos.

Tendre vers l'achevé, c'est revenir à son point de départ.
Colette

PROFONDE

Hors atteinte des mouvements de surface.
Puiser la force dans les racines humides de la connaissance,
reçue en héritage de nos ancêtres millénaires.

Les arbres aux racines profondes sont ceux qui montent haut.
Frédéric Mistral, extrait de *Les îles d'or*

RAMASSÉE

Réunir son être et s'y cacher pour se sentir.

DENSE

Être si près, que l'air – coloré de pensées et d'émotions – n'a plus d'espace.

Peindre, peindre,
Toujours peindre Encore peindre Le mieux possible,
le vide et le plein Le léger et le dense Le vivant et le souffle.
Zao Wou-Ki

INTUITION

S'asseoir dans l'espace situé avant la pensée et là, laisser
venir les signes du savoir intemporel.
Capter les messages du vent qui traverse les paysages sans
frontières et nous souffle en sourdine les secrets invisibles.

L'intuition est une vue du cœur dans les ténèbres.
André Suarès

*La raison sépare et isole alors
que l'intuition unifie et harmonise.*
Shafique Keshavjee, extrait de *Le roi, le sage et le bouffon*

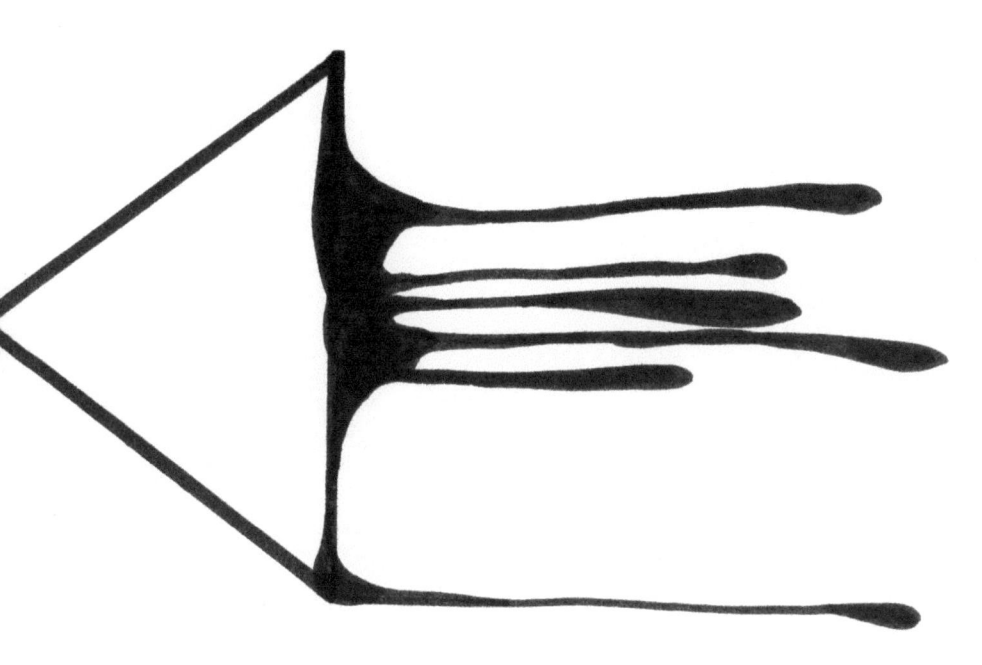

Imprimé par BoD – Books on Demand, Norderstedt

Dépôt légal : septembre 2013